その答えは
あなただけが知っている

●

中島 薫

SUN MARK
サンマーク文庫

文庫版　はじめに

この本を手にとってくださったあなた。物事はうまくいっていますか？　それとも、最近どうも思ったように進んでいないですか？

「万事ＯＫ」という方は、そのことに感謝して、ますます幸福な人生を歩んでいってください。そうではないという方も、今日はツイています。なぜなら、この本と出会ったからです。

ただし、この本は、読んだからといって運がよくなるとか、望みがかなうというようなものではありません。ただ、あなたの夢を実現させる小さなお手伝いはできると思います。

とはいえ、こんな世の中です。夢をかなえるどころか、夢なんてないという人も多いでしょう。それどころか、自分は何がしたいのかもわからないし、何ができるか、何に向いているのかもわからないという人さえいると思います。それではあまりにもったいない。だって、人間の最大の能力は、夢を実現させることなのですから。

夢を持ち、そのためのチャンスをつかみ、そして形にするために動く。これが最高の人生の送り方だと私は思います。

そのためにまず必要なのが、自分を知ること。自分は何が好きなのか、どんなときにどんなことを考え、どんな行動をとる傾向があるのか、など。自分の棚卸しをすることは、とても大切です。

生まれてからずっと一緒だった「自分自身」のことを、よくわかっている人なんて、実はほとんどいません。その気になりさえすれば毎日が、いいえ一瞬一瞬が、新しい自分との出会いなのです。
この本が、その驚きと感動をあなたにもたらしますように。そして、それがあなたの「夢を実現させる能力」を花開かせますように。

平成二一年　初夏

中島　薫

はじめに

ここに一つの質問があります。私からみなさんへの質問です。でも、私に答える必要はありません。みなさんが自分自身に答えてください。

答えるために特別な知識はまったくいりませんが、人によっては難しくて、ものすごく悩んでしまうかもしれません。もちろん、すぐに答えられる人もいると思います。

さて、私はなぜ、みなさんにこんな質問をするのでしょうか。それは、毎日忙しいみなさんに、小さな贈り物をしようと思ったからです。あなただけの答えを探して、過去に、現在に、そして未来にゆっくりと思いをはせる楽しみ。ふと違う時間軸の自分を垣間見る瞬間の驚き。そんなものをプレゼントしたいと思ったのです。

もちろん、答えは一つではありませんし、もしかしたら明日は違う答えになるかもしれません。古代遺跡を発掘するように、推理小説の謎《なぞ》を解くように、水晶球をのぞいて遠い未来を予言するように、あなたしか知らない、あなただけの答えを見つけてください。

中島　薫

その答えはあなただけが知っている　目次

装　丁　倉田明典
編集協力　金原良明
本文組版　onsight

1

失敗するのは恥ずかしいですか？

あなたが今まで「恥ずかしい」と思ったことのほとんどは、「人前で何かを失敗したとき」では？　同僚とカラオケに行き、音をはずして大失敗し恥ずかしいと思った人も、家で一人のときは、どんなにオンチでも歌詞を間違えても、それほど気にはならないのでは？

それに、自分が失敗して「恥ずかしい」と思うことのほとんどは、他人も一度や二度は必ず経験ずみです。これが「アメリカ大統領との食事の約束をすっかり忘れて遅刻した」とか、「大事な会合にシワシワの服とボサボサの頭で行き、取引先の会長の服にワインをこぼした」などという失敗ならたしかに恥ずかしいかもしれません。

しかし、人は自分に合った失敗しかしませんから、大丈夫です。

②

知り合いを見かけたら、先に挨拶しますか？

自分はどちらかというと見つけてもらうほうが多い、という人もいることでしょう。それはすごくうれしいことかもしれません。でも、あなたが目立つからとか人気があるからという理由よりも、別のものがあります。それは、自分の知っている人を見かけたらすぐに挨《あい》拶《さつ》してくれるような友人や知人がたくさんいてうれしい、ということです。これだけでもあなたはかなりラッキーですが、実はもっとラッキーになれる方法があるのに気がついていたでしょうか。そう、それは相手が自分を発見するより先にこちらが先手を打って挨拶するということ。声をかけてもらってうれしいという気持ちを相手に起こさせる自分って、カッコいいとは思いませんか？

3

耳の痛いことを言ってくれる人はまわりに何人いますか?

間違ったことをしたり、考え方がよくなかったりするとき、思いきってそれをあなたに言ってくれる人は大事にしましょう。独断や偏見や思い込みや慢心であなたの目が曇りそうになったときに、助けてくれる人だからです。会社なら、反対意見を言う部下を上司はありがたいと思ったほうがいいのです。あなたは気にかけてもらっているという証拠です。今まで家族以外に自分には誰も注意をしたり反対意見を言ったりする人はいなかったという人は、喜ぶよりも心配したほうがいいかもしれません。あなたがいつも正しいとは限りませんから、何も言ってもらえなかった可能性があるからです。普段からちゃんと聞く耳を持っているという自信はありますか？

4

もしも明日が
あなたの人生の最後の日だとしたら、
何をしますか？

こういうのはどうでしょう。あなたが一番行きたい場所、一番会いたい人を考えてみるのです。そうしたら次に、なぜその場所なのか、なぜその人なのかを考えてみましょう。「一度も行ったことがないけれど、どうしても一度行きたかった場所」か、あるいは「行ったことはあるけれど、どうしてももう一度行きたかった場所」か。「実際に会ったことはないけれど、この人に会っておきたい」という人か、それとも「いつも会っているけれど、もう会えなくなるならどうしても会っておきたい」という人か。さて、ここであなたの「一番」がはっきりしました。では、それをさっそく実行に移すというのはどうでしょう？

5

誰にも公平に与えられているものはなんだと思いますか？

当たり前のことですが、私たちは一人ひとり、みんな違います。容姿、収入、境遇、仕事、学歴、価値観、夢……。その人をつくる要素はさまざまです。一日二四時間の時間だって、あっという間に過ぎてしまう人もいれば、ゆっくりと過ぎるように感じられる人もいるでしょう。そう考えると「誰にも同じように与えられているもの」を見つけるのは難しいかもしれません。それなら、こういうのはどうでしょう。「チャンスは公平に与えられる」。でもここで重要なのは、私たちがみんな違うように、チャンスも違うということ。あなたにしか来ないチャンス、あなたにしか生かすことができないチャンスが人生には必ず来ます。つかまえる準備はＯＫですか？

6

自分の名前は好きですか？

「嫌い」という人の理由はなんでしょう。たぶん男性よりは女性に多いのではないかと思うのですが、「こういう名前がよかった」というお気に入りのものがあったりするのかもしれません。ちょっと変わった名前の人は、ひょっとしたら子供の頃にからかわれたことがあるからでしょうか。でも、少し考えてみましょう。たしかに名前はあなた自身を表すものですが、はじめにあなたという人間があって、それから名前があるのです。あなた自身が輝いていれば、どんな名前にも振り回される必要はなくなります。「私、自分の名前が好きなんです」とにっこり笑って言える人は、本当の意味で「名前負けしていない」という気がするのですが、どうですか？

7

「ありがとう」と「すみません」、普段どちらをよく使いますか？

たとえば、落としたものを拾ってもらったとき。あるいは、訪問先でお茶を出されたとき。つい言ってしまうのは、「ありがとうございます」より「すみません」では？　本当は「ありがとう」のほうが合っている場面で「すみません」と言うことに、私たちはなぜかあまり違和感がありません。これが英語だとすると、「サンキュー」を「アイムソーリー」と言っていることになります。よく考えると変だと知っているのに、なぜ私たちは「すみません」と言ってしまうのでしょう？　短くて便利だから？　照れくさいから？　なんとなく？　感謝する気持ちがあるなら別に恥ずかしくないのでは？　生き方まで「すみません」にならないよう気をつけましょう。

8

表情は豊かなほうですか？

表情というのは、言葉よりも実は格段に、表現方法としてのパワーを持っているということに気づいていましたか？　海外へ行って、その国の言葉で「いやだ」とか「うれしい」はわからなくても、いやな顔やうれしい顔をすればそれで通じます。表情は万国共通と言えるかもしれません。言葉を話せない赤ちゃんだって、うれしいときは笑いますし、おむつがぬれたりおなかがすいたりしたら泣き顔で訴えます。大人は、言葉がしゃべれるぶん、表情の持つパワーを忘れてしまいがちではないでしょうか。もったいないとは思いませんか？　さあ、鏡を見ながら、自分の表情をチェックしてみましょう。あなたはどれくらい、表情を変えられますか？

9

「雨の日」のいいところを三つあげられますか？

「雨の日は好きじゃないから、いいところなんて……」と思った人もいるかもしれません。でも、いつも晴れてばかりいたら、植物だって育ちません。雨の日はけっして不便なことだけではないはずです。たとえば、「庭に水をまかなくてもいい」というのはどうですか？　あるいは、「お気に入りのカサがさせる」とか。「静か」というのはどうでしょう。よっぽどの強い雨なら話はまた別ですが、しとしとと降る雨のときは、逆に静かになるような気がしませんか？部屋の中にいて、なんだか静かだなあと思って外を見たら、いつのまにか雨が降っていたということはありませんか？　一年のうちに何十日かは必ず降る雨です。いいところも見つけてあげましょう。

10

その日にしないといけないことは、その日に終わらせるタイプですか？

ケースバイケースですが、「すぐにやる」ということがとても重要なときがあります。「すぐにやらない」というあなたは、ずるずると延ばして、あとで大変な目にあったことはないですか？　「あとで」とか「いつかきっと」と思っていて、気が変わったり興味を失ったりしたことは？　なぜ、すぐにとりかかれないと思いますか？　難しそうで、気乗りがしませんか？　手をつけたら最後、ものすごく時間がかかりそうだから？　でも、とりあえずやってみないと何も始まりませんし、やってみたら案外すっとできたりもするものです。世界で成功者と言われている人の共通点は、「すぐにやること」というのが多いのです。できることからやってみませんか？

11

この三年のうちに、家族で旅行はしましたか？

「もちろんです。年に一度はみんなでどこかへ行きます」「うちは去年グアムへ行きました。両親は初めての海外です」などという人はどのくらいいるでしょう。たぶん少ないのではないでしょうか。忙しくてそんな時間がないという人が多いのでは？　「わざわざどこかへ行かなくても、うちは家族のコミュニケーションは普段からとれています」という人もいるかもしれません。でも、場所が変わると気分も変わりますし、「家族で何かをする」というのは楽しいとは思いませんか？　ともすると仕事や友人との約束が優先されて、家族は後回しになったりしがちです。でも、たまには自分の根っこの部分を確認する意味で、家族と過ごすのもいいものですよ。

12

過去は変えられないと思いますか？

「変えられるわけない」と信じている人こそ、実は「変えられたらどんなにいいか」と思う過去を持っていたりはしないでしょうか。それはどんな過去ですか？　過去を変える方法はあります。それは、あなた自身が変わることです。ちょっと考え方のくせを変えることができれば、過去に起こった出来事それ自体は変えられなくても、それを今どう思うかを変えることができます。そうすれば、もうその過去を気にしなくてもよくなるのです。あなたが今でもこだわる過去がどんなものであろうとも。そして、どうせこだわるなら未来にこだわったほうがいいということを、本当は自分でも、心のどこかで気づいているのでは？

13

「地球の声」が聞こえるとしたら、それはどんな音だと思いますか？

地球の生命力が音になってあなたの耳に届いたとしたら、それはどんな音だと思いますか？　たとえば、秋に枯れ葉が風に舞い落ちる音は？　役目が終わり、下に落ちて土にかえってまた新しい生命をはぐくむような。あるいは、潮騒《しおさい》の音はどうでしょう。水の惑星にふさわしく、はるかかなたから寄せては返す波の音は？　それとも、小ぬか雨の、ピアニッシモのように静かに降りしきるかすかな音でしょうか。あなたがどんな音を想像するのか楽しみです。地球と私たちは一緒に生きているんだということを感じながら、いろいろなものに耳を澄ませたり思いをはせたりすると、きっと楽しいのではないでしょうか？

14

日本語以外で、いくつ「こんにちは」が言えますか？

英語の「ハロー」だけは言えるという人もいれば、とりあえず近くの韓国語の「アンニョンハセヨ」や中国語の「ニィハオ」まではなんとかという人もいるでしょう。学校でフランス語やドイツ語を勉強した人は「ボンジュール」や「グーテンターク」もOKかもしれません。あるいは、普段あまりなじみのない国の言葉も知っている人もいるでしょう。でも、大切なのはいくつ言えるかではありません。日本語以外と言われたときに、あなたはどこの国を思い浮かべましたか？　言葉以外に、何か考えたことはありましたか？　実はそれを期待していたのです。ほかの国に興味や関心を持つことは、人生の幅を広げます。これをきっかけに、考えてみては？

15

謝りたくても謝れなかったことはいくつありますか？

それらのことについて、あなたはどうして謝れなかったのだと思いますか？　相手が聞く耳を持たなかったのでしょうか？　それとも、どうしようか悩んでいる間にタイミングを逃してしまったのでしょうか？　タイミングというのは大事ですよね。それを逃すと、どんどん謝れなくなってしまいます。謝るのはカッコ悪いという気持ちはどこかにありますか？　でも、謝らないと、必ず心の中にずっと残ってしまいます。謝らなかったことをいつまでも引きずっているほうが、謝るよりも何倍もカッコ悪いということを、あなたも本当は気がついているのではないですか？　だから、その謝れなかったことをまだこうして覚えているのでは？

16

今日、誰かをほめましたか？

今日会った人の顔を思い出してみましょう。家族、友人、同僚に上司、取引先の人、先生……。一人暮らしで今日は家にいた人でも、電話で誰かと話しませんでしたか？　そのうちの誰かをほめた記憶はありますか？　ほめるようなことは何もなかったですか？　ほめるというのを単に「きれいですね」とか「この書類はすばらしい」というふうなものだと決めつけなくてもいいのです。ほめるというのは、相手のいいところを見つけたり、それに感謝の気持ちを持つこと。ですから、お茶をいれてもらって「ありがとう」と言うとか、誰かのいいニュースに「すごいね、よかったね」と一緒に喜んであげるのでもいいのです。さあ、明日は誰をほめましょう？

17

他人があなたをどう思っているか、気になりますか？

「まわりの人は、本当の私をわかってくれているのだろうか」という気持ちは誰にでもあるでしょう。でもその前に、自分でも「本当の自分」というものをきちんとわかっていると、自信を持って言えますか？　たとえば「私は本当はやさしいのに、みんなはそうは思ってくれない」という場合、それはひょっとして、あなたの思い込みだという可能性はないですか？　あるいは、あなたがまだ本当の自分を出していないからかも？　あなたがやさしい人だとまわりが気づくよう、自分からもっとそれを見せたほうがよくないですか？やさしくない人がそう思われようとするのは問題ですが、やさしくありたい、やさしくなりたいという人なら、それは大丈夫です。

18

あなたにとって「自由」とはなんですか？

他人と同じことをしなくてもいいということでしょうか、それともすべて自分で決められるということでしょうか。人それぞれですが、問題は、それをやって誰にも迷惑がかからないかということです。たとえばサラリーマンが定時に出勤しなければ会社に迷惑がかかりますし、上司に怒られて自分の損にもなります。ということは、それは今のその人に合った自由ではないということになります。ですから、その自由に合う自分になればいいのです。「それを手に入れるためにはどうしたらいいか」、そして「そのための努力を何かしているか」ということをいつもセットで考えるようにすると、たいていの「自由」は手に入れることができると思いませんか？

19

長生きしたいと思いますか？

人によって「長生き」のイメージは違うでしょう。「一〇〇歳まで生きたい」という人もいれば、「八〇歳くらいまでで十分」という人もいるかもしれません。単に長く生きるというより、自分で考えている年齢まで元気で生きる、ということなのだと思います。なかには「長生きなんかしたくない」という人もいるかもしれません。その人はどうしてそう思うのでしょう。生きていてもつまらないから？　それならなおさら、楽しくなるまで、幸せになるまで生きてみようとは思いませんか？　つまらないまま死ぬのは本当につまらないのでは？　年をとったからこそ楽しいことやおもしろいこともたくさんあるはず。それを見つけるまで生きてみませんか？

20

他人とよい関係をつくるためのルールはなんだと思いますか？

あなたはほかの人とうまくやっていくために、どんなことに気をつけていますか？　「つまらないことで怒らない」ですか？　「悪いと思ったらすぐに謝る」ですか？　「約束は守るようにしている」ですか？　「なるべくほめる」ですか？　どうしてそのことに気をつけているのですか？　過去に何か失敗をして、それで学んだのですか？　それは今のところうまくいっていますか？　人間関係は難しいテーマの一つですね。自分と違う人たちとつき合っていくのだから当然ですが。だから「違う人なんだ」と認めてあげるのがコツなのではないでしょうか。あなたはあなた、人は人。お互いよい関係でいたいですよね。

21

なんだかよくわからないものは好きですか？

あなたにとっての「よくわからないもの」とはなんでしょう。たとえば、名前は聞いたことがあるけれど、どこにあるのか知らない国？　あるいは、何からどうやって作るのかは知らないけれど、よく見かける料理？　それとも、普段あまり話をする機会のないクラスメートや同僚？　それらはすべて、あなたにとって未知のもの、あるいは興味があまりないものかもしれません。でも、だからといってそれだけで嫌いになるのはもったいないのでは？　ひょっとして、わかれば好きになり、そこからあなたの新しい可能性が開かれるかもしれないいろいろなものたちを、一つずつ「わかるもの」にしていくのは楽しいし、なんだか得したような気はしませんか？

22

「一番」は好きですか？

「私はあまり一番ということには縁がない」という人がいたら、よく考えてみましょう。試験で一番とか、仕事で一番とか、何かのコンテストで一番とか、必ずしもそんなふうに「他人と比べて」一番である必要はないのです。たとえば、「これが私の一番得意な料理」とか「この色が私に一番似合う」とか「絵を描いているときが一番楽しい」でもいいのです。他人が決めるのではなくあなたが決める、自分だけのいろいろな「一番」を探すこと、それが大切なのです。誰でも「これだけは誰にも負けない」というものを持っているのではないでしょうか。それが何かは人それぞれですが、それがやがて「これは私にしかできない」ということになれば最高ですよね？

23

直感を信じますか？

あなたは自分の直感を信じているでしょうか、それともそんなものはあまりあてにしないでしょうか？　信じるけれど、あまり当たらないという人もいるかもしれません。たしかに、当たらないよりは当たるほうがいいに決まっていますが、結果よりもその直感を取り入れるか入れないかを問題にしたほうがいいのではないでしょうか。

何かをするときに、考えて考えて、迷いつづけたときに最後に決め手になるもの。それが自分の直感です。それがはずれたとしても、そこから一歩踏み込むきっかけになったのなら、直感の大方の役目は終わりです。使わないと鈍ってしまうかもしれませんから、ときどき信じて使ってあげるのも大切です。

24

約束は守るほうですか？

普通の人なら、過去にいくつかは守れなかった約束というのもあると思います。たとえば、友人と映画に行く予定が、急に具合が悪くなってキャンセルなどというのはよくある話です。あるいは、ダイエット中なのについカロリーオーバーしてしまったなら、これは自分との約束が守れなかったということです。寝坊して会社に遅刻なら、会社との約束を守れなかったということです。さてそれでは、「約束を守るコツ」というものがあるとしたら、なんだと思いますか？　それは、「無理な約束はしない」こと。ダイエットは急にやらずにゆっくりと。夜は翌朝のために少しだけ早く寝る。急に具合が悪くならないように、普段から自分をいたわる。簡単でしょう？

25

だますのとだまされるのと、どちらが楽だと思いますか？

もちろん基本的にどちらもいやだとは思いますが、あえてどちらかを選ばなければいけないとしたら？　だますほうが楽だという人は、なぜそうなのでしょう。単にだまされるのはいやだからでしょうか。それとも、過去に誰かにだまされてもうこりごり、という気持ちがあるのでしょうか。でも自分が痛い目にあっているのなら、だまされたほうの気持ちもわかるはずですから、複雑なところかもしれません。逆にだまされるほうが楽だという人は、なぜそうなのでしょう。たしかにあの手この手で嘘《うそ》をつく必要はありませんから、楽なのかもしれません。あるいは、「だまされても大丈夫」という余裕があるのでしょうか。だとしたら、すごいことかもしれません。

26

自分を変えたいと思いますか？

「今のままで私は一〇〇％満足です」という人がいたら、それはすばらしい。でも、たいていの人は、自分の中に何かしら変えたい、変わりたいと思う部分を持っているのではないでしょうか。気に入らないから変えたいのか、それとも気に入っているからもっとよくしたいのかは人それぞれですが、容姿だったり、性格だったり、生き方だったり、考え方だったりいろいろです。さて、あなたはなぜそれを変えたいと思うのでしょう。もしかしたら、変えなくてもかまわない、あるいは変えないほうがいいということはないですか？　それでもどうしても変えたいと思っているなら、変えるために何をしていますか？　思うだけではなく、そのために動いていますか？

27

質問するのは好きですか？

自分の知らないことやわからないことを人に聞く。簡単なことですが、苦手だという人も実はけっこういるのではないでしょうか。「こんなことも知らないと思われると恥ずかしい」と思いますか？でも、知らないのに知ったふりをしていると、あとでそれがばれたら何倍も恥ずかしい思いをするとは思いませんか？　子供のときはすぐに「なぜ？」「どうして？」と聞いていましたよね？　そんなふうに、謎《なぞ》が解ける、と言うと大げさかもしれませんが、自分の知らないことがわかるという快感を、ちょっと思い出してみるのもいいのではないでしょうか。それに、「こんなことも知らないの？」と言う人にも、知らないことはたくさんあるはずです。

28

今まで言われたことの中で、一番傷ついたことはなんですか？

なぜそんなに傷ついたと思いますか？　そのことは誰に言われても同じくらい傷ついたと思いますか？　それとも、その人に言われたから傷ついたのでしょうか？　そのことで、その人を憎んだりうらんだりしましたか？　それとも、言われてもしかたがないと思いましたか？　そのことはできれば忘れたいと思いますか？　でも、傷ついたあなたは、ある意味幸せだとは思えませんか？　だって、傷ついた痛みを知っている人は、人を傷つけるようなことはきっとしないと思うのです。あるいは、間違って傷つけてしまっても、きっとすぐに謝れるような人なのでは？　ということは、あなたのその心の傷は、あなたの価値を下げるものではないということです。

29

何かに対して本気になったことはありますか？

なったことはないですか？　これからなることはあると思いますか？　あるとしたら、どんなことでそうなると思いますか？　それを待っているより、自分から何か本気になれるものを見つけようと思ったことはありますか？　本気になれるものを持っている人をうらやましく思ったことはありませんか？　本気になったことがあるというあなたは、何に対してでしたか？　なぜ本気だと思いましたか？　それは実は、やる気になっただけだとは思いませんか？　自分で「本気になった」と言えるうちは、まだ「やる気になった」だけだということが多いということを知っていたでしょうか。どこからが自分の「本気」なのか、自分で見極めてみませんか？

30

自分の給料や収入を
もっと上げられる自信はありますか？

その自信はないという人は、どうしてそう思うのですか？　そもそも収入というものが何で決まるか、考えたことはありますか？　職種？　自分の能力？　それとも会社の業績、あるいは世の中の景気だと思いますか？　ちょっと意外な気がすると思いますが、実は「どれだけ人を感動させたか」なのです。お金は結局、人が払うものですから、人を動かさないとお金も動きません。スポーツ選手や人気作家を考えるとよくわかるのでは？　その働きぶりに上司が感動するからサラリーマンの給料の査定が上がるし、取引先が商品の価値や担当者の熱意に感動するから受注が増える。あなたは人に「この人に頼んだらいいかもしれない」と思わせることができますか？

31

家のトイレはいつもきれいですか?

さて、あなたの家の中を見てみましょう。居間、寝室、台所、玄関、お風呂にトイレ。この中で、一番きれいなのはどこですか？　そこはなぜ一番きれいなのでしょう。きれいにしておこうといつも気をつけているから？　それとも、汚れるような場所ではないからですか？　あるいは、家族の誰かがいつも掃除しているからでしょうか。この中で、やはりトイレというのはその目的から、一番汚れやすいと言えます。だからこそ逆に優先順位を上げてきれいにしておくというのはどうでしょう？　自分が一番長い時間を過ごす場所、たとえば寝室、あるいは居間をきれいにしておくのは当然として、そうではない場所に気をつけてみるのもおもしろいのでは？

32

ラッキーナンバーはありますか？

なくても困りませんが、あるとちょっと楽しいのが自分のラッキーナンバーではないでしょうか。たとえば私は三月七日生まれなので、いつも37にこだわります。そこまでいかなくても、ちょっと考えてみると、自分にまつわるというか、縁のある数字はあるのではないでしょうか？　くじを引いたりゲームをしたり、何か数字が関係するときに、よくついてくる数字があるとか。あるいは、何か決めるときに好きなサッカー選手の背番号を使うとか。なんということはないのですが、「これでいい結果になるかも」とわくわくできるのなら、それは人生を楽しく生きる小さなヒントだと思いませんか？

あなたのラッキーナンバーを探してみましょう。

33

今までもらった中で、一番うれしい手紙はどんな手紙ですか？

たとえばそれは、結婚や昇進や出産などのお祝い事へのおめでとうの手紙かもしれません。あるいは、けがや病気をしたときに心配してくれる手紙。それとも、失敗したりいやなことがあって落ち込んでいるときの励ましの手紙でしょうか。筆不精の友人からの手紙や、海外からの手紙もうれしいことでしょう。文章や字のうまい下手よりも、それらはすべてあなたへの気持ちのこもった手紙だから、うれしいのだと思います。さてそれでは、逆にあなたは、もらった人がうれしいと思うような、気持ちをこめた手紙を書いているでしょうか？　品物に添える短いひとことにも、自分がもらったときのことを考えて書くと、手紙のうれしさは倍増すると思いませんか？

34

あなたの夢はなんですか？

「ミュージカルスターになって舞台に立ちたい」「今の仕事で成功したい」「税理士の資格をとって独立したい」「アジアの田舎でのんびり暮らしたい」……なんでもOKですが、でも、こんなふうに大きな夢である必要はもちろんありません。「このまま家族そろって健康で仲よく暮らしたい」なんていうのも素敵です。「何もない」という人には、こう聞いてみましょう。「今、何か我慢しているものはありますか？」。ダイエット中でケーキを我慢しているとか、今月は金欠で飲みに行くのを控えているとか、忙しくて休みがとれないとか……。それもあなたの小さな夢だと考えると、ほら、たくさんありませんか？　さて、それはいつごろ実現しそうですか？

35

今日までに三人以上、自分が尊敬できる人と出会いましたか？

「出会う」というところが実は重要なポイントです。ということは、ここでリンカーンとか織田信長とかナイチンゲールとか、歴史上の人物はなくなります。会ったことがあるというのなら、マザー・テレサでもダライ・ラマでも、あるいはサッカーの中田選手や野球のイチロー選手でもOKです。でも、そんな人は多くはないでしょう。実際に会ったことはないけれど「あんなふうになりたい」「生き方に感動する」というのは「目標」ということにします。実際に会って、今ある自分に何かのかたちで関わってくれた人、そして、その人のためなら自分を惜しまずになんでもできると思える人。そんな「尊敬する人」を考えてください。思い浮かびましたか？

36

昨日、夢を見ましたか？

昨日は見ていない、あるいは見たような気はするけれど忘れてしまったという人は、最近見た夢を何か思い出してください。それはどんな夢でしたか？　人によって、夢の中の風景がモノクロだったり色がついていたりするそうですが、あなたはどちらが多いですか？　あなたのほかに誰か出てきましたか？　どこにいて、何をしていた夢でしたか？　何か音は聞こえていましたか？　匂《にお》いは感じられましたか？　夢は本当に不思議です。あるときは奇想天外な、あるときはまるで現実そのもののようなシチュエーションで現れます。さて、今夜はどんな夢が見られるでしょうか？　その夢の中に、ひょっとしたらあなたの未来へのヒントが隠されているかもしれません。

37

自分に投資していますか？

あなたは自分の身のまわりのことで、何に一番お金を使いますか？　家ですか？　服ですか？　趣味ですか？　それとも食べるものですか？　自分の子供にお金をかけるという人もいれば、飼っている犬のためにたくさん使うという人もいると思います。でも、お金はもっと、自分を磨くために使ってもいいとは思いませんか？　習い事をしたり資格をとるだけが自分に対する投資ではありません。コンサートに行ったり映画を見たり、旅行をしたり。それこそお金のほかに時間も手間暇もかけて、見聞を広げ、感性を磨きましょう。美しいものを美しいと感じられる心、いろいろなものに感動できる心こそが、あなたの人生における財産になると思いませんか？

38

自分には何が足りないと思いますか？

足りているものもたくさんあるはずなのに、どうも私たちは、あるものよりないものに目が行ってしまいます。さて、あなたが自分に足りない、ほしいと思っているものはいくつありましたか？　それはどんなものでしたか？　もう少し収入があったらいいですか？　もう少し痩《や》せたいですか？　仕事がもっとうまくいってほしいですか？　時間がほしいですか？　英語ができたらと思いますか？　これらのすべてを、自分のこれからの可能性と考えるとどうでしょう。たくさんあるほうがこれからが楽しみではないでしょうか。足りないままにしておくのではなく、次はそれをどうやって自分のものにするかを考えるのは、あなただけの楽しみです。

39

自分は「強い」と思いますか？
それとも「弱い」と思いますか？

自分の普段の言動をよく考えてみましょう。「他人からはこう言われる」とか「こうありたいと思っている」というのはナシです。自分だけが知っている本当の自分はどうですか？　「強い」という人は、本当にそうですか？　そう思っている人のほうが案外もろくて、強がっているだけということはないですか？　「弱い」という人もそうです。さらっと「弱い」と言えるところは、逆に強いような気はしませんか？　もちろん、どちらがいいとか悪いとかはありませんん。ただ、自分の思い込みを捨てて、強さも弱さもバランスよくあわせ持ったほうが生きやすいと思うのです。自分の強い部分で誰かを助け、弱い部分では反対に助けてもらう。いいと思いませんか？

40

一人でいても楽しめますか？

一人だとつまらない？　まあそう言わずに。この機会に、自分は何をしたら一人でいるときも、誰かと一緒のときと同じくらい楽しめるかということを考えてみましょう。たとえば、一人になったらしたいこと、あるいは一人でしたほうがいいかもしれないことはありませんか？　音楽を聴いたり本を読んだりしながらお風呂にゆっくり入るとか。感動的な映画のビデオを見ながら、思いきり泣いてしまうとか。いつもは通らない道を通っての散歩もいいですし、遠くにいる友人に、久しぶりに手紙を書くのもいいかもしれません。そのときに考えたことや発見したことを、次に誰かに会ったときに話してあげれば、一人の時間をもっともっと楽しく過ごせるのでは？

41

人から「真面目」と言われたことはありますか？

言われたことがあるというあなたは、いつ、どこで、誰に、どんな状況で言われたのか覚えていますか？　言われてどう感じたのでしょう。うれしかったでしょうか。それとも、それはいい意味で言われたのではなかったので、「あれ？」と思いましたか？　不真面目よりは真面目のほうがいいに決まっています。でも、あなた自身を表す言葉としてそれが最初にくるのなら、ちょっと考えたほうがいいかもしれません。自分自身に対して真面目なのはともかく、他人にまで真面目さを強要したことはなかったですか？　約束や規則を守るのはいいことです。でも、大人になったら「時と場合に応じて融通をきかす」という別の真面目さも覚えるとさらにいいですよ。

42

旅行をするのは好きですか？

「好き」というあなたは、どんな旅行が好きですか？　行く先は？　交通手段は？　目的は名所や旧跡めぐり、それとも何もしないでただのんびり？　宿泊先はどんなところに？　誰かと行くのか、それとも一人旅のほうが好きですか？　旅は発見の連続です。たくさんの未知のものに出会えるし、新しい自分にも出会えるかもしれません。一方、「嫌い」というあなたは、なぜ嫌いなのでしょう。知らない場所に行くのがいやですか？　乗り物が苦手？　荷造りが面倒くさい？　でも、何もしないほうが逆に面倒くさいということは知っていましたか？　何もしないで何も生まれない自分をずっと抱え込んで生きるほうが、実はよっぽど面倒くさいのです。

43

自分はなんのために生きていると思いますか？

幸せになるため？　もちろんです。では、あなたはどうなったら幸せですか？　仕事で成功したら？　有名になったら？　美しくなったら？　たしかに、願いがなんでもかなったら、いっときは幸福感にひたれるかもしれません。でも、たとえば世界に自分一人だけだったら、何を得てもつまらないのではないでしょうか。自分が生きている意義を実感するのは、誰かに必要とされているときだとは思いませんか？　誰かの役に立って「ありがとう」と感謝されたとき、なんだか満ち足りた気分になったことは誰にもあるのでは？　私たちはすべて誰かの役に立つために生きていると考えれば、自分の生き方にもっと責任を持たなければという気になりませんか？

44

あなたの「お金で計れないもの」はなんですか？

お金がいくらあっても買えないもの、いくら出されても譲れないもの。それはなんですか？　でも、ここで一つルールを設けます。「愛」というのは今回はナシです。これを言うと、そこで話が終わりますし、第一、漠然としすぎています。今は何か、もう少し具体的なものを考えてください。旅行好きな人なら、旅先でのいろいろな思い出でしょうか。いつも忙しい人なら、たまの休日に朝寝坊している時間かもしれません。仲よしの友人たちという人もいるでしょう。一生懸命に勉強した人は、自分が学んだ知識や技術かもしれません。自営業の人ならお客様の喜ぶ顔でしょうか。いくつありましたか？　たくさんあるほど、人生は豊かになります。

45

花の名前を一〇個以上言えますか？

男性よりも女性のほうが、多く言えるかもしれません。自分の家の庭やベランダで、何が咲いていたかを思い出してみましょう。季節ごとに考えていくと思い出しやすいかもしれません。いつも買いに行く花屋の店先の花はどうだったでしょうか？　学校や公園の花壇は？　一〇個言えたら、次はそれにまつわるものも思い出してみましょう。匂《にお》いはどうだったでしょうか。誰かと一緒に見ました？　その花と一緒に思い出す風景や音はありますか？　たとえば桜なら、お花見の風景や入学式の子供たちが浮かんでくるかもしれません。花はなくても生活には困りませんが、あると気持ちをやさしくしてくれます。花の存在をもっと知りましょう。

46

ボランティアに興味はありますか？

今までちっとも興味がなかったという人は、この機会に少しだけ考えてみては？　誰かの役に立てる、簡単な方法の一つですから。ボランティアというと、一見「大変だ」と思うかもしれません。たしかに、街頭で募金活動をしたり、お年寄りや身障者の方のお世話をするのは、慣れないと大変かもしれません。まして海外でのお手伝いなんて。だから、「自分にできること」から始めればいいのです。コンビニで買い物をしたときに小銭を募金箱に入れたり、献血に協力したり、困っている人に「お手伝いしましょうか」と声をかけたり。ボランティアに関する資料や本を読むだけでも違います。自分が世の中に必要とされているという実感が湧《わ》いてきませんか？

47

歴史上の人物で、会ってみたい人は誰ですか？

学校の授業では歴史はあまり得意ではなかったという人も、自分が会いたい人物となると話は別なのではないでしょうか。さあ、あなたは誰に会って、どんなことを聞いてみたいですか？　自分がその時代にタイムトリップしたつもりで、あれこれ考えてみましょう。古代エジプトでツタンカーメン王にミイラについて聞きますか、それともルネサンスのイタリアで、レオナルド・ダ・ヴィンチに発明の話を聞きますか？　あるいは戦国時代へ行って、織田信長の有名な「うつけぶり」をその目で見てくるのもいいかもしれません。自分がなぜその人物に会いたいのか、その理由を考えるのも楽しいでしょう。ひょっとしたら、似たところが見つかるかもしれません。

48

今までで一番美しい夕日は、いつ、どこで見たものですか？

そんなにきれいだと思うような夕日は見た覚えがないという人はいますか？　いつか見た絵葉書の美しい夕日というのはどうですか？　普段忙しくて、夕日を見る時間もないなんて、残念です。まさか、夕日を見て「きれいだなあ」と思う気持ちの余裕がないなんて言いませんよね？　同じ太陽が、場所によって、またその日の空の状況によって、こんなにいろいろな姿になるというのも不思議だと思いませんか？　そのうえ、夕日自体も、時間とともに刻々とその色合いを変えてゆくのです。ついぼうっと見てしまう、という人もきっといるのでは？　黄昏《たそがれ》前の、ちょっとぜいたくな時間を、ぜひ自分にプレゼントしてみてはいかがでしょうか。

49

あなたの「聖域」はなんですか？

「そんなこと、今まで聞かれたことも考えたこともないし、第一『聖域』って何？」と面食らう人もいるかもしれません。簡単に言うと、あなたの心の中にある、これだけは守りたいという場所です。ここだけは譲れない、ここには誰も土足で踏み込ませはしないという部分。信念や哲学や信条というものに近いかもしれません。生きていくうえで、あなたが一番こだわることと考えてもいいと思います。それはなんだと思いますか？　たとえば自由であること、公正であること、正直であること、あるいは冷静であること、ゆるしの精神を持つこと、それとも、常に前を見ることでしょうか？　なんであろうと、その部分は自分の中でいつも大切にしてください。

50

落ち込んだとき、あなたに元気をくれるものはなんですか？

仕事で失敗したり、試験で悪い点をとったり、友人とケンカしたり、あるいは何か大事なものをなくしたり壊したり、ひいきの野球チームが連敗したり、体の調子がすぐれなかったり……。私たちはいろいろな理由でがっかりしたり、ふさぎ込んだりします。そんなとき、あなたの気分をよくしてくれたり、大丈夫と思えるようにしてくれるものはなんですか？　おいしい料理やお酒、友人との電話、飼っているペットのかわいいしぐさ、カラオケでの熱唱、それともお風呂に入って過ごすゆったりした時間ですか？　自分のエネルギーが少なくなったときにチャージしなおす方法は、たくさんあればあるほど、いざというときに助かります。

51

一番好きな匂いはなんですか？

たくさんあって一つに決められない、という人もいるのではないでしょうか。お気に入りの香水の匂《にお》い、干した布団のお日様の匂い、それとも秋になると咲く金木犀《きんもくせい》の匂いでしょうか。あるいは大好きなカレーの匂い、檜《ひのき》のお風呂に入ったときの木の匂いかもしれませんし、いれたてのコーヒーの匂いかもしれません。その匂いから思い浮かぶものはなんですか？　干した布団とお母さんの顔が一緒に浮かぶかもしれないし、お気に入りの香水にはそれをプレゼントしてくれた人が思い浮かぶかもしれません。あるいは、金木犀と小学校の校庭がいつも一緒かもしれません。あなたの好きな匂いには、あなた自身さえも忘れてしまっているような物語はありませんか？

52

何か自分だけのオリジナルを持っていますか？

よくわからないという人は、たとえば、「自分のこの部分はまわりの人とかなり違う」と思う部分を考えてみるとヒントになるかもしれません。身長が一九〇センチあるとか、声がすごく低いとか、しゃべり方に特徴があるとか。ちょっと珍しい姓や名前だとか、いつも赤い服を着ているとかでもいいかもしれません。変わった特技を持っているというのもおもしろいでしょう。スワヒリ語がしゃべれるとか、象形文字が読めるとか。独特のクセ字で、その字を見てまわりの人が「あ、これはあの人の字」とすぐにわかるようなら、それもあなたのオリジナルの一つです。オリジナルはあなたらしさの象徴ですから、大事にしてください。

53

他人に知られたくない秘密が三つ以上ありますか？

あなたの秘密はどんなものですか？　なぜ、他人に知られたくないのですか？　それは自分に関する秘密ですか、それともほかの人に関する秘密ですか？　自分だけが知っているという優越感はありますか？　あるいは、それがばれると誰かが迷惑するのでしょうか？　自分に関する秘密なら、それはあなたが破滅してしまうようなものですか？　それとも、小さなことだけど知られたら恥ずかしいということですか？　その秘密はずっと黙っていたいですか、それとも、できることなら言ってしまって、楽になりたいと思うことですか？　その秘密に時効はありますか？　秘密は多少はあったほうが楽しいと思いますが、それで自分を苦しめないようにしてください。

54

相談するのとされるのと、どちらが多いですか？

相談されるほうが多いというあなたは、きっと物知りだったり、面倒見がよかったり、口が固かったり、人に頼られる人なのではないでしょうか？　でも、だからといって相談するほうが多いというあなたがその反対だということはありません。相談するほうが多い人は、自分の力になってくれる人がまわりにいるということですから、幸せなのではないでしょうか。でも、一つだけ気をつけておいたほうがいいことがあります。それは、「最後に決めるのは自分自身である」というのを忘れないことです。相談した人の意見はあくまで「参考」なのですから、あとで何かあったときに、その人のせいにして話がややこしくならないようにしましょう。

55

自分は運がいいほうだと思いますか？

いいと思う人は、そのことに感謝の気持ちを持って生きると、さらにいいと思います。さて、悪いと思う人は、なぜそう思ったのでしょう。いいことが起こらないから？　あなたの考える「いいこと」というのはどんなことですか？　宝くじに当たること？　それはただの偶然では？　運命の「命」が持って生まれた部分だとしたら、運はそれを生かすための部分。ですから、運なんて自分のやり方である程度リカバーできると考えたほうが、生きやすくなります。自分は運がいいと思って生きるのと、悪いと思って生きるのとでは、大きな差が出てくるもの。ですから、どうせなら「自分は運がいい」と思って過ごしてみてはどうでしょう。

56

一番好きな音はなんですか？

たくさんあって、迷ってしまいそうですか？　あなたはどんな音が好きなのでしょう。ピアノやヴァイオリンなどの美しい楽器の音、それとも窓辺の風鈴の音、貝殻を耳にあてたときの遠い海鳴りのような音ですか？　ワインをグラスに注ぐときの音はどうですか？　料理が好きな人なら、フライパンで何かを焼くときのあの「じゅうっ」という音も好きかもしれません。雨音が好きな人もいるでしょう。モータースポーツが好きな人なら、あのエンジン音でしょうか。お祭りが好きな人なら、花火のあがる音やお神輿《みこし》のかけ声、お囃子《はやし》の音、人の波のあのざわめきが好きだというかもしれません。そこには音の数だけ物語があります。あなたのは、どんな物語ですか？

57

お金の使い方は上手ですか？

「上手です」という人より、大なり小なり、苦労している人のほうが多いのでは？　自分のお金の使い方の問題点はなんだと思いますか？　衝動買い？　つき合いで飲みに行くことが多い？　賭《か》け事が好き？　お金のかかる趣味がある？　計画的に使っているつもりでも、病気や冠婚葬祭での、ふいの出費もあります。難しいですね。対処法はなんでしょう。月並みですが、使う前によく考えることと、使ったらもう後悔しないこと、それと、友人との貸し借りはしないことでしょうか。小銭くらいならともかく、まとまった金額だと、どうかするとお金と友情との両方を失ってしまうこともあります。お金は使ってこそ生きるのですから、上手に使いたいものですね。

58

自分に効くおまじないを持っていますか？

なくても別に困りませんが、あったほうが何かと便利かもしれません。でも、たいていの人は、何か一つくらい持っていたりするのではないでしょうか。手のひらに「人」という字を書いて飲み込むとあがらないとか、寝る前に起きる時間の数だけ枕を叩《たた》くと起きられるとかはよく聞きます。スポーツ選手は「これをつけているとよく勝てる」というグッズを持っていたりします。お店の前の盛り塩もそうですし、風水だってある意味似たようなものかもしれません。要は、それで自分の気持ちが安定すればいいのですから、いろいろやってみたら楽しいのではないかと思います。もちろん、効く人と効かない人がいるかもしれませんが。あなたはどちらでしょう？

59

まわりの人が
あなたに期待しているものは
なんだと思いますか？

これにすぐに答えられる人はすごい。自分というものがある程度わかっていて、そして周囲の期待にこたえられるものがあるということは、すばらしい。すぐには答えられない人も、これから探していけばいいのです。一つ言えるのは、周囲が期待するものは、必ずしもきちんとした立派なものであるとは限らないということ。だから「期待にこたえる」＝「優等生になる」ではないのです。いつものんびりしたあなたを期待しているのかもしれないし、言いにくいことをズバリと言ってくれるあなたを期待しているのかもしれないし、ユーモアあふれる言動で笑わせてくれるあなたを期待しているのかもしれません。「あなたらしさ」を考えるといいと思います。

60

他人を変えようとして失敗したことはありますか？

「ある」と答えた人のほとんどは、逆に自分が他人にあれこれ指図されたり口出しされたりするのが好きではないという人ではないでしょうか。そう、自分のことを考えるとよくわかると思うのですが、客観的に見てどんなによくないところであっても、他人から直せと言われてもなかなか難しいですよね。これが、自分で直そうと気がつくと、案外直せたりするのです。ということは、他人の気に入らないところを直そうとするエネルギーは、自分がそれが気にならないように変わるのに使ったほうがはるかに建設的だということです。そのほうが自分の精神衛生上もいいし、相手とギクシャクしなくてすみます。他人を変えるのは難しいのです。

61

やりかけのまま放ってあることはありますか？

たぶん、「ある」と答える人のほうが多いのではないでしょうか？

それも、一つや二つではなかったりするかもしれません。何かの整理などはまさしくそうです。たとえば、古い写真、着なくなった洋服、昔録《と》ったビデオなど。住所録も新しく作りたいかもしれません。

読もうと思って買って、そのままにしてある本は何冊ありますか？

今度作ろうと思っていた料理のレシピもいくつ集まったでしょう。

緊急じゃないものは、うっかりしているとどんどんたまり、そのまま忘れ去られてしまうことがほとんどです。あなたの「やりかけ」は今、どこでどうなっているのでしょう。「いつかきっと」なんて言わず、いつ手をつけるか、さっそく考えてみてはどうでしょう？

62

料理をするのは好きですか？

うまい下手はこの場合、もちろん関係ありません。好きだという人は、たぶん同じくらい食べるのも好きだという人も多いのではないでしょうか。おいしいという評判のお店へ出かけては、家でその味を再現しようと頑張る人もいるかもしれません。嫌いという人は、どうして嫌いなのですか？　料理自体に興味がないのか、それとも作業が面倒だと思うのでしょうか。「作るのは好きだけれど後片づけが面倒」というのはわかるような気はしますが。自分が作ったものがどんな味になったのか、それを実際に味わうのは、おもしろいとは思いませんか？　そう、料理は創作です。実験か工作だと思ってやってみるといいかもしれません。あなたのセンスがわかります。

63

「いい人」と言われることはありますか？

一見ほめ言葉なので、言われた瞬間はうれしいと感じる人もいるかもしれません。でも、実はかなり微妙な表現だということに気づいていましたか？　「いい人ですね」で終わってしまったのなら要注意です。それプラス何かがなく、「いい人」だけで止まるなら、それはひょっとしたら「どうでもいい人」や「都合のいい人」かもしれません。ほかに何も言うことがないので「いい人」ですませられたなら問題です。そういうときにさらに聞いてみるのはどうでしょう。「ありがとうございます。何がいいと思いますか？　顔ですか、声ですか、センスですか、それとも性格ですか？」と。不用意に「いい人」でまとめられないように、こんな確認はいかがですか？

64

自分に何か禁じているものはありますか？

「いつまで」と期間限定のものと、「もうこれから先、絶対にそれはしないようにしよう」と決めているものと、それはどちらですか？　「この間かなり損したから、当分パチンコはやめよう」とか「三キロ減るまでダイエット」とかは期間限定ですね。では、「これからはもうしない」と決めているものの場合はどうでしょう。たとえば「もうお酒は飲まない」とか「タバコをやめる」とか。それはなぜそう決めたのですか？　それのせいで、何か痛い目にあってこりたのでしょうか。それとも、ほかの誰かに迷惑をかけてしまったのでしょうか。もしもそれをやめてよかったとあとで思うようなら、いいきっかけができたと考えてみるのも、いいかもしれません。

65

まわりの人の誕生日は知っていますか？

家族や友人はもちろん、会社の同僚や上司、取引先の担当の人などの誕生日も、知っていて当日に「お誕生日おめでとう」とひとこと言ってあげると素敵ではないでしょうか。プレゼントを贈るまではしなくてもいいと思いますが、そのひとことで相手は「あ、気にかけていてくれるんだ」とうれしいと思うのです。大人になると、子供の頃ほど誕生日を気にしなくなるようですが、それはなんだかもったいない気がしませんか？　誕生日はやっぱり特別な日。その日は誰もが「スター」です。普段より少しだけいい気分でいてもいい日です。なんといっても、「生まれた日」の「生」と「日」の漢字を合わせると、「星」という字になるくらいなのですから。

66

自分が存在する理由は
なんだと思いますか？

すぐに答えられる人は少ないかもしれません。たとえば、「私からこれを取ったら何も残らない」というようなものがあるのなら、それをもっと極めるために存在しているのかもしれません。あるいは、それをすることで誰かが喜んだり、人の役に立つというようなことがあるのなら、そのために存在しているのかもしれません。まだ何も見当がつかないという人は、今はそれを探すために存在しているとは考えられませんか？　自分の役割や使命がすぐに見つかる人はまれです。誰もが、いろいろ迷ったり悩んだりしながら手探りで見つけていくものです。探すこと、そのためにいろいろな経験をすること、それさえ覚えていれば大丈夫です。

67

自分の顔は好きですか？

きれいかどうかとか、カッコいい悪いという話ではもちろんありません。鏡を見たときに「いい顔をしてるな」と思えるかどうか、ということです。「目が好き」とか「鼻が嫌い」とか「顔の形が気に入らない」などの細かいパーツではなく、全体を見るのです。顔には自分の生き方が出ます。毎日いろいろな経験をし、いろいろなことを考え、歴史を積み重ねていくことで、自分で自分の顔をつくっていくのです。ですから、自分の顔が好きだと言える人は、自分の生き方も好きなのでは？　さあ、もう一度よく鏡を見てみましょう。自信にあふれた顔ですか？　元気がなくてさえない顔ですか？　自分の顔をもっといい顔にするのには、何が必要でしょうか？

68

いわゆる「食わず嫌い」の食べものはいくつありますか？

それはなぜ嫌いなのですか？　見た目がいや、それとも匂《にお》いがいやなのでしょうか。あるいは、似たようなもので嫌いなものがあって、だからそれも嫌いということにしているのでしょうか。お母さんが子供にするように、それとわからないように料理してもらったら、食べられると思いますか？　食わず嫌いということは、食べて味が嫌いというのではないところがポイントで、食べる前に頭の中で勝手にイメージをつくってしまっているのです。実際、食べたら好きになったという例もたくさんあるわけですから、いつかトライしてみてはどうでしょう。人間だって、「話してみたら案外おもしろい人だった」なんて、よくある話じゃないですか？

69

思っていることと反対のことを言ってしまったことは、今までに何度ありますか？

一度や二度は、たぶん誰でもやってしまったことがあるのでは？　あなたは、いつ、どんなときにそれを言ってしまいましたか？　あとですごく後悔しましたか、それともそうでもなかったですか？

なぜ思ったことと反対のことを言ってしまったのでしょう。何かをすすめられて、ほしかったけれど遠慮したり謙虚すぎて「いらない」と言ってしまいましたか？　それとも、「こんなことを言ったらどう思われるだろう」と一瞬、よけいなことを考えて体裁を繕ってしまいましたか？　あるいはやせ我慢？　素直にならないと損をするとわかっているのに、どうしてでしょう。せめて自分で「こういう場合に特に言いそう」という傾向を確認しておきましょう。

70

自分の意見に反対されるのはいやですか？

いやだという人は、なぜいやなのですか？　自分はいつでも正しいと思うからですか？　それとも、自分の意見に反対されると、自分を否定されたような気になるからですか？　でも、そんなことはありません。ここがポイントなのですが、反対されたのはあなたの意見にであって、あなたの人格にではないということです。逆に、反対されるのはいやではないという人は、なぜいやではないのですか？　人の意見には同調するほうですか？　人と意見を出し合うのは、ときどきすごく大変ですが、違う意見が出るというのはある意味幸せだと思います。全員がはじめから賛成より、反対意見が出たほうが、それ以上のものが出てくる可能性が高いのですから。

71

今日の自分は○だと思いますか？

○でも×でも△でも、自分がその基準をどこにおくかが問題です。自分に対する要求が厳しい人は、めったに○は出ないかもしれません。逆に厳しくない人は、普段から○が出やすいかもしれません。

あなたの基準はどうだと思いますか？　「今日はいつもどおり、特にいいこともないけれど悪いこともないし、普通に健康でいられるから○かな」ですか？　それとも「理想の一日を一〇〇点とすると、今日は平凡な一日だったから五〇点で、△」ですか？　人それぞれですが、完璧《かんぺき》を求めてマイナス部分に目が行くよりは、多少自分を大目に見て、プラス部分を考えたほうが暮らしやすいような気がするのですが、どうでしょうか？

72

子供と話すのは好きですか？

子供のいる人、または子供といることが多い仕事の人はもちろん好きだと思います。さて、では「なぜ好きなのですか？」と聞かれたら、なんと答えますか？　かわいいから、おもしろいから、自分も若返るから？　あるいは自分も精神年齢が子供と近いから？　では逆に、子供と話すのは苦手という人は、それはなぜですか？　話題が合わないからですか？　すぐ走り回ったり、はしゃいだりするからですか？　面倒を見てあげないといけないから、ハラハラするからですか？　たしかに子供は大人とまったく違う生き物です。でも、その違いがおもしろいと思うくらいのスタンスで構えていると、逆にペースを乱されなくてすむのでは？

73

あなたのリラックス法はなんですか？

仕事や家事や勉強やつき合いで疲れたりストレスがたまったりしたときに、「私はこれをやれば大丈夫」というリラックス法を、誰でも一つくらい持っているのではないかと思うのですが、あなたのそれはなんですか？　ゆっくりお風呂に入る、ひたすら寝る、マッサージをしてもらう、あるいはゆっくりお酒でも飲みますか？　ペットと遊ぶという人もいるかもしれませんし、好きなCDを聴くという人もいるでしょう。仲よしの友人と電話で話すというのもいいかもしれません。一つでも二つでも持っていると、「ここを乗り切ったら、あれをしよう」と思えるから、ちょっと頑張れるのではないでしょうか。そう、自分へのご褒美に近いかもしれません。

74

一番好きな果物はなんですか？理由を三つあげてください

あなたがその果物が好きな理由はなんですか？　単純に一番好きな味だから？　見た目はどうですか？　それはいつも食べるものですか？　それとも、めったに食べられないから好きなのでしょうか？　それを食べるときは、いつもどうやって食べますか？　その果物について詳しいですか？　今はどんな果物でも、ほとんど一年中食べられるようになりましたが、もともとはいつの季節の果物か知っていますか？　日本の果物ですか、それとも原産国は外国ですか？　それを使ったデザートは何を知っていますか？　せっかくの好きな果物です。食べるときはただ食べないで、それについていろいろ考えて食べるのも楽しいのではないでしょうか。

75

怒りでわれを失ったことはありますか？

ちょっとむっとしたり、腹が立つ程度のことなら誰でもあるとは思いますが、われを失うほど怒ったことのある人はどのくらいいるのでしょう。そのときは、何があなたをそこまで怒らせたのですか？自分のことで怒ったのですか、それともほかの人のことでですか？そのとき、どんな気持ちでした？　あなたは普段から怒りっぽいと思いますか、それとも普段はあまり怒らないけれど、いざ怒るときは激しいのでしょうか？　あなたに「これを言ったら怒る」というものはありますか？　怒りはあなたを別世界に連れて行きます。怒るなとは言いませんが、怒ったときに何かを決めたりはしないほうがいいということだけ、お伝えしておきましょう。

76

あなたにとっての「大切な時間」はなんですか？

「家族と過ごす時間」、それとも「友人と過ごす時間」、あるいは「恋人と過ごす時間」ですか？　「一人になれる時間」という人もいるかもしれません。「好きなことをする時間」と答える人もいるでしょう。自分が何を一番大切に思っているかが、答えに大きく関係してくるのではないでしょうか？　もっとも、「一人になれる時間」と答えた人が必ず自分を一番大切に思っているかというと、それはちょっと違うかもしれません。みんなといるときにいい状態の自分でいられるための、オーバーホールの時間のようなものなのではないでしょうか。あなたの大切な時間は、思ったとおりにとれていますか？　それとも、最近ちょっと足りませんか？

77

一番好きな絵画はなんですか？

絵画が好きな人は、ゴッホの『ひまわり』のように有名なものから、マイナーだけれど自分ではものすごく好きなものまで、すぐに思いつくことでしょう。それほど詳しくない人も、たぶん一つくらいお気に入りの絵があるのではないでしょうか。画家の名前やタイトルは覚えていなくても、「こういう絵」というイメージはあるのでは？それは人物画ですか？　風景画ですか？　静物画ですか？　それとも抽象画ですか？　はじめて見たのはいつ、どこでしたか？　それを見たとき、どんな気持ちになりましたか？　絵を見て豊かな気持ちになれるということは、あなたの感性も豊かということ。ときどきは、その絵を見たときの気持ちを思い出してみましょう。

78

一番好きなクラシックの曲と演歌の曲はなんですか？

クラシックはよく聴くけど演歌はあまり好きじゃないという人もいれば、演歌は好きだけどクラシックはどうもという人もいると思います。なかにはクラシックも演歌も両方興味がないという人だっているかもしれません。それはそれでいいのです。音楽は「どのジャンルが一番」とは決められませんから。でも、「これしか受け付けない」というよりは、「なじみのないジャンルだけどこの一つだけは好き」というものはあったほうがいいと思います。ひょっとして、将来そこからまた新しい展開があるかもしれませんし、なんであれわからないよりもわかるほうが楽しいと思いませんか？　違った角度からものが見られると、人間の幅が違ってきます。

79

何をしているときが一番幸せですか？

考えたこともないという人は、逆にラッキーかもしれません。さあゆっくり考えましょう。はじめは大きいくくりから。「寝てるとき」「好きなものを食べているとき」「お風呂に入っているとき」……。次に、もっと細かく問いかけてみましょう。「どこで寝るのが一番幸せ？　自分の布団、ホテルのベッド、それともこたつ？」「季節は？　時間は？　夜遅く、それとも昼寝？」「何を着て寝るのが一番気持ちがよかった？」「BGMはいるかな」「ペットの猫と一緒に寝るのもいいし……」。あなたの頭の中には、もうすっかりイメージができ上がっているでしょう。そして、本当にそれを体験したかのような幸せな気持ちになっていたら、大成功です。

80

直接話すのと電話で話すのと、どちらが好きですか？

話す相手や内容によってもさまざまだと思います。誰とどんな話をするときに、直接会ったほうがいいですか？　また、電話で話すほうがいいという場合は、どんな人とどんな話をするときですか？　お互いに遠いところに住んでいて、なかなか会えないという場合は別として、近くにいても、場合によっては「直接会ったほうが話がしやすい」というときと、「電話で顔が見えないほうが逆に言いたいことが言える」というときもあるかもしれません。あなたは普段どのように使い分けていますか？　女性は特に、電話という小道具は好きかもしれません。遠いところにいる人も、近くに感じることができる気安さがあります。両方うまく使い分けられていますか？

81

何か信じているものはありますか？

たとえば、「私はいつも自分自身を信じています。自分が頑張るか頑張らないかは自分が知っているからです」という人がいるかもしれません。あるいは、「仲よしの友人を信じています。いつも私の力になってくれます」という人もいるかもしれません。「ご先祖様がいつも見守ってくれていると信じて、毎朝仏壇に手を合わせています」という人もいるでしょう。あなたは何を信じているでしょう？　なんでもいいと思います。何かあると、一人でいろいろなものを背負ってふうふう言わなくてすむような気がしませんか？「自分には味方がいるんだ」と思うと、救われる部分があるのでは？　気持ちが楽になるだけでも、信じる効果は大きいと思います。

82

朝、目が覚めて、一番に考えることはなんですか？

働いている人なら、やっぱり仕事のことでしょうか？　主婦なら朝ご飯のこと、そして家族を起こすことですか？　学生なら学校のこと、あるいは好きな人のことだったりするかもしれません。何を考えるにしろ、どうせならいい感じで考えたいものですよね。目が覚めて「あーあ、朝が来ちゃったよ。今日も会社だ。やだなあ」と思うのと、「さあ、今日も一日頑張って仕事をするか」と思うのでは、一日のスタートがかなり違うのでは？　どうしたら目が覚めた瞬間からそこで重たい空気を出さずにすむでしょう？　朝起きて最初に考えるくらい、あなたの生活の重要なパートを占めているものなら、このさい気持ちよく目覚めるために工夫してみませんか？

83

どんなときに自己嫌悪に陥りますか？

同じ失敗をまたくり返したとき？　それはどんな失敗だったのでしょう。あるいは、ついうっかり言ってしまったひとことで、誰かを傷つけてしまったとき？　それとも、友達との約束を守れなかったとき？　そんなとき、どうやって立ち直りますか？　時間がたつのにまかせますか？　こういうのはどうでしょう。「次がある」と思うことです。考えてみてください。たとえば会社をつぶしたとか、車で人をはねたなどという大変な失敗をしたら、自己嫌悪なんて言っている場合ではありません。ということは、自己嫌悪ですむのなら、次回気をつければ大丈夫ということがほとんどだと思いませんか？　そう、次があるのです。

84

誰かの役に立っていますか？

大げさに考えなくても、あなたがしたことで誰かが喜んでくれたなら、その人の役に立ったということになります。誰かに「ありがとう」と言われたら、その人の役に立っているのです。ですから、たとえば警察官とかお医者さんとか看護師さんといった、いかにも「人の役に立ちそうな仕事の人」ばかりが誰かの役に立っているというわけではないのです。世の中のたくさんの人の役に立とうとしなくても、あなたのまわりの人の役に立っているのなら、すばらしいとは思いませんか？　相手が何をすれば喜んでくれるだろうと考えるだけで、役に立つ第一歩です。そうそう、何かしてもらったら「ありがとう」と言うのも、その人の役に立つことです。

85

あなたの「ぜいたく」はなんですか？

あなたが何が好きかによって、答えはいろいろあると思います。車が好きなら、ちょっといいガソリンを入れることだったり、ワインが好きなら、いつもよりも少しいいワインを開けることだったり。お休みをとって旅行に行くのがそうだという人もいれば、月に一度、夫婦で食事に行くことという人もいるかもしれません。あるいは、仕事でずっと海外へ行っていて、わが家へ戻ってきて食べるお茶漬けなども、意外なぜいたくかもしれません。いろいろな「ぜいたく」の概念がありますが、あなたがそれをするとき、どんな気持ちですか？　楽しい、わくわくする、うれしい、誇らしい……。あなたにとってのかけがえのないひとときです。大切にしましょう。

86

もしも誰かほかの人になれるなら、誰がいいですか？

それはまわりにいる誰かですか、それとも映画スターやスポーツ選手のように、違う世界の人ですか？　なぜその人がいいのですか？　誰がいいかなと、あれこれ考えるのは楽しいと思いますが、実際、本当にその人になって残りの人生を送ろうと思いますか？　あなたが知っている部分以外で、その人が今抱えている問題もすべて抱えて生きるのは、大変だと思いませんか？　その人は問題がなさそうに見えますか？　どうでしょう。あなたにはあなたの問題があるように、人には人に合った別の問題があるものです。いい方法は、その人がいいと思う理由のその部分を、自分にも取り入れること。そっくりそのままは無理でも、一部分でも頑張ってみては？

87

偏見は持っていますか？

人種とか宗教とか、そういう大問題になりそうな偏見ではありません。日常生活の小さな偏見のことです。そう、私たちがついやってしまう、「よく知りもしないのに勝手に思い込む」というアレです。これだって小さな偏見と言えませんか？　あなたの小さな偏見はどんなことでしょう。テレビや雑誌でしか見たことがない人に「やさしそう」とか「わがままそう」とか言ったりしませんか？　やったことのないスポーツに誘われて「難しそう」と断ったことはありませんか？　自分には似合わないと思い込んでいる色はありませんか？　食わず嫌いもそうです。とりあえずやってみて、「あ、自分は勘違いしていた」と解かれていく楽しさを知ってみませんか？

88

あなたにとって「死」とはなんですか？

普通に暮らしていたら、「自分の死」はそれほど近くには感じられないかもしれません。不幸にして家族や友人知人が亡くなってしまったとき、ふと死について考えることはあるかもしれませんが。死ぬのは怖いですか？　なぜ怖いと思いますか？　やりたいことがまだあるのに、できなくなってしまうから？　みんなにもう会えなくなってしまうから？　死ぬことそれ自体よりも、死に伴う痛みや苦しみが怖いという人もいるかもしれません。あるいは、自分が死んだあとに、みんなが自分のことを忘れてしまうのが怖いという人もいるかもしれません。生きている限り、死とは無関係ではいられませんが、不必要に恐れたり甘く考えたりはしないようにしましょう。

89

前世があるとしたら、あなたは
どこで何をしていたと思いますか？

不思議なことに、「私は江戸時代の日本で侍だったんじゃないかな」とか「私は中世のフランスでドレスを着て舞踏会で踊っていたかも」などと言う人はいても、たぶん「私は明治時代に泥棒をしていたような気がします」とか「私は前世は虫でした」というようなことを言う人はほとんどいないのではないでしょうか？　案外みなさん、「こうだったらいいな」という気持ちがどこかにあって、それが少なからず影響しているような気がしませんか？　それから、自分が好きなことや興味のあることと関係のある場所や時代や職業をあげる人も多いのでは？　ということは、意外とそうだったのかもしれません。そう考えると、楽しくなってきませんか？

90

あなたが今、注目している人、もしくは気になる人は誰ですか？

あなたが「どうも気になる」というその人は、どんな人ですか？　俳優、スポーツ選手、それとも芸術家ですか？　映画監督ですか？　政治家ですか？　あるいは、同僚や仲のよい友人ですか？　その人のどんなところが気になりますか？　新人でこれからどんなふうに伸びていくのかが気になりますか？　それとも、いつも人の意表をつく作品を発表するからですか？　あるいは、その人の生き方が好きで、自分も学びたいと思うところがたくさんあるからですか？

気になる人がいるということは、その人の持つ何かと、あなたの感性がリンクした証拠です。何が気になるのかを分析してみると、思いがけない自分の可能性の発見にもつながるかもしれません。

91

旅館とホテルと、どちらが好きですか？

どちらもそれなりにいいところがたくさんあって、迷うところではないでしょうか。今の自分の状態や状況で、答えはかなり違ってくるかもしれません。ホテルがいいという人は、なぜそう思ったのでしょう。一人でゆっくりしたいから？　部屋をいつもきれいにしてもらえるから？　では、旅館のほうがいいという人は、なぜそう思いましたか？　やっぱり畳がいいですか？　それとも大きなお風呂が魅力ですか？　ひょっとして主婦の方なら、普段自分がやっている食事の用意や布団の上げ下ろしをやってもらえるから、という理由もあるかもしれません。考えたこともなかったけれど、こういう理由で私はこっちが好きなんだということがわかりましたか？

92

他人と同じだと安心しますか？

同じほうがいいという人は、それはどうしてですか？　自分だけ違うと、不安ですか？　そのことであなたに何か言う人がいるのでしょうか？　でも、あなたはほかのどの人とも違う「あなた」という人間で、顔も名前ももともとすべて違うのですから、まわりと違っていてもかまわないとは思いませんか？　逆に、同じはいやだという人は、どうしていやなのですか？　目立ちたいのでしょうか？　自分の個性を出したいからですか？　自分に自信があるから、あるいは逆に、自分に自信がないからですか？　同じでも違ってもかまわないと思いますが、他人をあまり気にしすぎるのはよくないかもしれません。自分自身ということを、もう一度考えてみましょう。

93

仕事であなたがいなくなっても、代わりにそれをやれる別の誰かはいますか？

「いない」という人は、それはなぜですか？　特殊な職種の、特殊な作業だからですか？　それとも、特殊ではないけれど、自分にしかないプラスアルファがあるという自信からですか？　では、もしもあなたが病気で入院したら、その後はどうなると思いますか？

逆に「いる」という人は、それはなぜですか？　誰にでもできるような簡単な仕事だと思うからですか？　でも、仕事はほかの人にもできるかもしれませんが、一緒に働いている人たちがあなたでなければだめだと思っているとしたらどうしますか？　仮に、本当に誰にでもできるような仕事だとしても、「自分にしかできない」と思ってやるのとそうでないのとでは、かなり違うと思いませんか？

94

健康ですか？

「はい。どこもかしこもぴかぴかです」と胸を張って言える人はすばらしいですが、あなたはどうですか？　入院するほどではないけれど、何か持病があるという人は、けっこう多くはないですか？　肩こりは？　花粉症は？　腰が悪いとか、ぜんそくの気があるとか、胃の調子が悪いとかは？　風邪《かぜ》をひきやすくなったとか、疲れがとれにくくなったとかは、年齢を重ねるとよくあることです。さて、あなたは健康のために何か気をつけていますか？　食生活はどうですか？　運動はしていますか？　ビタミン剤などのサプリメントはとっていますか？　私たちは実は、頭で考えるほど健康を意識していないかもしれません。自分の体、かわいがってあげてますか？

95

「一人で楽しめること」をいくつ思いつきますか？

これをたくさん持っている人のほうが、人生に幅が出るのではないでしょうか。もちろん、誰かと一緒のほうが楽しいこともたくさんありますが、一人で楽しめることだって、世の中にはたぶん同じくらいあるはずです。あなたのそれは、どんなものですか？　いつもしていることのほかに、まだしたことがないけれど、こんなこともいいかもしれないと思うことはありますか？　美術館で好きな絵をゆっくり見るとか、ベランダで日向《ひなた》ぼっこをするとか。旅行一つとっても、「誰かと一緒じゃなければ楽しめない」という人よりは、「誰かと一緒のときも楽しめるし、一人旅でも楽しめる」という人のほうが、より豊かで楽しい人生を送れると思いませんか？

96

あなたがもう一つ新しい仕事を始めるとしたら、どんな仕事ですか？

たとえば、今勤めている会社が週休三日制になって、少し時間ができました。そこで、その時間でできる仕事を何か始めるとしたら、何をするでしょう？　なんだったらできそうだと思いますか？

「私はこれといって資格も特技もないし、仕事なんて」という人だって、趣味くらいあるのでは？　それが仕事になったらいいと思いませんか？　あるいは、特技とまではいかなくても、「自分はこれなら少し自信がある」ということはないですか？　これならできそうかな、と思うものの一つくらいは思い浮かぶのでは？　できそうと思うなら、きっとできます。できないことならそう思わないからです。さて、あなたが考えたのはなんの仕事でしょう？

97

家族以外で、信頼できる人は何人いますか？

もしも「いる」ということなら、それがたった一人でもいいのです。その人はどんな人ですか？　あなたはその人のどんなところを信頼しているのですか？　あなたがその人を信頼しているのと同じくらい、その人もあなたを信頼してくれていると思いますか？　その人をどんなふうに大事にしていますか？　「いない」という人も、だからといって問題はありません。これからつくれるようになればいいのではないでしょうか。「人に信頼されていますか」ということだと、それは相手に聞いてみないとわからない問題になってしまいますが、あなたが信頼するのですから、あなたのこれから次第で、いくらでもその財産をつくれると思いませんか？

98

夢を実現するために何をしていますか？

夢のまったくない人なんていませんよね。大きな夢ではなくても、たとえば何かやりたいこと、ほしいもの、「こうだったらいいな」と思うことはありますよね？　それが現実になるには何が必要かも、わかっていますよね？　それをしているかどうか、ということです。たちどころに夢をかなえる方法はないかもしれませんが、少しだけ近道があります。それは、協力してくれる人をたくさんつくること。まわりの人をどんどん巻き込むことです。あなた一人で「カメラマンになりたい」と思っていても難しいですが、周囲にたくさん人がいたら、「有名な写真家を知ってるから、今度紹介してあげる」ということも可能でしょう。夢の実現に、人は欠かせないのです。

99

今、一番感謝したい人は誰ですか？

たとえば、自分を産んでくれた両親にいつも感謝しているかもしれません。あるいは、昔お世話になった先生とか。そのほかに、最近誰かそういう人は現れましたか？　「この人と出会って私の人生が変わった」とまでいく必要はありませんが、たとえば、最近、その人のおかげで自分がいい状態になった、いい気分になったという人はいませんか？　何かをもらってうれしかったり、手伝ってもらって助かったり、あるいは落ち込んでいるとき励ましてもらったり。病気が治ったばかりの人なら、治してくれた先生や、その病院を紹介してくれた人にも感謝するかもしれません。いつも新しく感謝する人がたくさんいるって、すばらしいことだと思いませんか？

100

あなたの長所はなんだと思いますか？

すぐに思いつきますか？　もしも思いつかなければ、人からよくほめられることや言われることを思い出してみましょう。どうですか？　それでも思い当たらないのなら、では自分の短所はどうでしょう。「こういうことでよく失敗する」というところは？　それは裏返すと、実は長所にもなるということを知っていましたか？　たとえば「自分は大ざっぱだ」という人は、「細かいことは気にしない、おおらかな人」と言えますし、「飽きっぽい」という人は「好奇心が旺盛《おうせい》で新しいものに敏感」とも言えると思いませんか？「自分の長所はこれ」と言えると、それに磨きもかけやすくなります。この際たくさん発見してみませんか？

101

あなたにとって仕事とはなんですか？

収入を得る手段？　趣味の延長？　社会と関わる場？　それとも、仮の姿のあなたでいる時間ですか？　さて、仕事をしている間は、楽しいですか？　働いている人にとっては、寝ている時間以外に大部分を費やすのが仕事です。ということは、楽しいか楽しくないかということはすごく重要になってくると思いませんか？　もしも楽しくなかったら、人生も楽しくなくなってくるのでは？　それは大変です。楽しくする工夫をしたほうがよくないですか？　どうしたら楽しくなると思いますか？　環境を変える、人間関係に注目する、勉強する、あるいは自分の考え方を少し変えてみる……。今の仕事の延長に、あなたの理想の生き方があることを願っています。

102

みんなと仲よくしたいですか？

「できればみんなと仲よくしていたい」という理想を持っている人と、「みんなと仲よくなんて無理」と現実的な人と、あなたはどちらですか？　あなたの考えですから、どちらがいいとか悪いとかはもちろんありません。さて、仲よくしたいという人は、なぜそう思うのでしょうか？　それは今のところ、うまくいっているようですか？　どんなことに気をつけているのでしょう。一方、仲よくできないという人は、なぜそう思うのですか？　嫌いな人がいるのでしょうか？　その人とも仲よくできるならそうしたいと思いますか、それとも別に平気ですか？　嫌いな人はいてもいいとは思いますが、そこにエネルギーが行きすぎないようにくれぐれもご注意ください。

103

あなたの「座右の銘」はなんですか？

「努力」「石の上にも三年」、それとも「やればできる」ですか？　なぜその言葉を選んだのですか？　その言葉がどんなものだろうとそれはかまいませんが、問題は普段、あなたがその言葉どおりに自分の人生を歩んでいるかどうか、ということです。「やればできる」が好きなら、一見できないと思えるようなことをやってできたことがないと、それは座右の銘とは言えないのでは？「あなたの座右の銘は？」と聞かれたときに言うためだけのものだったら、意味がないとは思いませんか？　お気に入りのコーヒーカップは飾って人に見せるだけでなく、自分で使って気分よくコーヒーを飲んだほうが一〇〇万倍も素敵だと思いませんか？　それと同じことです。

104

無理をしたために後悔したことはありますか？

どんなことでそう思いましたか？　なぜ無理をしようと思ったのですか？　もちろん、「ここだけはちょっと無理をしてでも」ということは誰にでもありますが、そのために後悔するなんて、つまらないですよね？　そして後悔するということは、本当はそれほど無理をする必要はないものだったのかもしれません。でも、「あそこでもうちょっと無理をしてでも頑張っていれば結果は違ったのに」と、やらなかったことを後悔するよりはもちろんいいと思います。そして、その場合は後悔するのではなく、反省するのです。「無理をするのはよくなかったな」と。そうしたら次につながりますし、「でも、そこまでやってダメだったんだからしかたがない」と思えます。

105

最近、新しく気がついたことはありますか？

たとえば、近所に素敵なレストランができていたとか、あまり話したことのない人が実は自分と同じ趣味を持っていたとか、パソコンの操作で「このキーを押せばこれができる」ということがわかったとか、なんでもいいのです。それは自分で気がついたことですか？ それとも誰かに教えてもらって気がついたことですか？ どちらにしても、何かに気づくということは楽しいと思いませんか？「そうなんだ！」「そうだったんだ！」という小さな驚きと感動はまた次の、別の展開を呼んできます。一つ気づいたことがあったら、「じゃあこれはどうなっているんだろう？」と思うことも多くないですか？ そうやって、自分自身についても何か発見してみませんか？

106

自分は気がきくと思いますか？

「自分は気がきかない」というあなたは、なぜそう思うのですか？　人からそう言われるのですか？　それとも、何かあなたをそう思わせることがあったのでしょうか？　でも、自分でそう思うということは、できることなら気配りはしたいと思っているということですよね？　その気持ちがあれば大丈夫。逆に「自分は気がきく」というあなたは、なぜそう思うのですか？　人からそう言われるのなら、誰かのために何かするのは好きなのでしょうし、あなたがしてくれたことに喜ぶ人もたくさんいるのでしょう。でも、さらに気がきく人になるコツがあります。それは、「何もしないで放っておいてあげたほうがいい」場合もあるということを覚えておくことです。

107

何が不安ですか？

どこかの誰かのように「老後が不安」ですか？　今抱えている問題が解決するか不安ですか？　たとえばそれを、もう一度考え直してみたらどうでしょう。やっぱりまだ不安ですか？　どうすればその不安は消えると思いますか？　そのために、あなたができることは何かありませんか？　あなたができなくても、誰かほかの人ならできますか？　そうしてくれるように頼むというのはどうでしょう。やってもらえるかどうかがまた不安ですか？　誰でも不安に思うことはありますが、何もしないとそれはずっとそのままです。気にしない自分になるか、それを解決するために何かしてみては？　一〇年後にはその不安は、笑い話になっているかもしれませんよ。

108

やろうと思って できなかったことはありますか？

それはどんなことですか？　なぜできなかったのですか？　途中まででいったけれど最後まで終わらなかったのですか、それともやろうと思っただけでやらずにそのままにしてしまったのでしょうか。機会があればまたやりたいとそのとき思いましたか？　それを今からやるというのはどうでしょう。できませんか？　なぜできないのでしょう。いつやればできたと思いますか？　やりたいと思うのなら、今から始めればすむ話だとは思いませんか？　「できない」「難しい」「もう遅い」とくよくよ考えている間にちょっとやってみたら、案外できてしまうかもしれません。それはやってみるまでわからないことだし、やればわかることです。さあ、やってみましょう。

109

五年後の自分をイメージできますか？

「五年たってもたぶん今とそんなに変わらないんじゃないかな」という人はいますか？　では、変わっていなくてもいいですか？　五年たったときに、「ここがもう少しこんなふうによくなっていてほしい」というのはないですか？　自分がどうなっていたいかということがないと、イメージなんてできません。そのための努力もしようとは思いませんから、五年たっても一〇年たってもあいかわらずです。それではもったいないとは思いませんか？　五年あったら何ができるか考えてみましょう。今の自分の中に、少しでも変わりたいと思うところがあるのなら、素敵な五年後になるように、ちょっと頑張ってみませんか？

110

タイムマシンで戻れるなら、何歳のときの自分に戻ってみたいですか？

何も考えずに遊んでいられる小学生のときに戻りたいと思う人もいれば、中学生に戻って勉強しなおしたいという人もいるかもしれませんし、二〇歳の頃に戻って、そのときつき合っていた人ともう一度やり直したいと思う人もいるかもしれません。人によって違うと思います。あなたはなぜそこに戻りたいのですか？　そのときの何がよかったのですか？　それは今からまた手に入れることはできないのでしょうか？　そのために頑張るということは、本当にその時代に戻るよりもずっと現実的ですよね？　その時代も含めて、今日までいろいろな経験を積んできたあなたなら、その頃よりすばらしいものを手に入れることができると思いませんか？

111

始めるのにもう遅いと思ったことはありますか？

それは何をやろうとしてそう思ったのですか？　なぜ、そう思いましたか？　今から始めてもうまくいかないと思いましたか？　それは、うまくできないといやなものでしたか？　でも、はじめからうまくできなくてもいいのでは？　下手でもなんでもいいからとにかくやりたい、やればそのうちうまくなるはずとは思いませんでしたか？　いつ始めたらよかったと思いますか？　今からやっぱりやってみようとは思いませんか？　あなたがやりたいと思ったら、そのときが始めるときだと考えればいいとは思いませんか？　スタートはいつでもあなたの中にあると考えてみましょう。始めたいという気持ちがあるのなら、それをぜひ生かしてほしいと思います。

おわりに

みなさんこんにちは、中島薫です。早いもので、これが私がサンマーク出版から出した七冊目の本です。この本は今までの本とは、いろいろな意味でちょっと違った本になりました。

一つは、内容が「私から読者のみなさんへの質問の本」だということ。これは冒頭にも書きましたが、みなさんに「自分について改めて考える時間」というものを贈りたかったのと、それによって、それまで知らなかった新しい自分を発見してほしかったからです。

そしてもう一つは、出版前にこの本の一部をサンマーク出版のホームページで期間限定で連載したこと。原稿が全部でき上がってみて、なかなかおもしろい内容になったなと思ったので、どうしてもひと足先にみなさんにお披露目したかったのです。

おかげさまでご好評をいただき、連載の継続を希望する読者の方も多かったと担当の編集者から聞きました。それでも、私としてはやはり一冊の本にまとめて、みなさんにお届けしたかったのです。それはみなさんが、いつでもどこでも好きなときに「新しい自分」への扉を開くことができるように、と思ったからなのです。

あなたが毎日の生活の中で、何かに気づいたり驚いたり感動したりするたびに、あなたの中のどこかの一部分が生まれ変わっていきます。そうやって、少しずつ、新しい気持ちや力や可能性が積み重なっていくのです。そう考えたら、なんだか気分がよくなってきませんか？

今までなら気にもとめなかったようなことになぜか心がざわついて、立ち止まったり考えたり、もしかしたらという直感がはたらいたりすることがありますか？ それは、神様があなたにかけてくれた小さな魔法です。それが解けないうちに新しい自分を発見できること、そしてその新しいあなたが、自分自身をよりすばらしい人生へと連れて行ってくれることを願っています。
この本が少しでもそのお役に立てれば、こんなにうれしいことはありません。

平成一四年六月

著　者

単行本　２００２年８月　サンマーク出版刊

中島　薫（なかじま・かおる）
1952年3月7日生まれ。名曲『Good-by Morning』を作曲し、第7回世界歌謡祭でグランプリを受賞。その後、1982年にアムウェイと出会う。自身のネットワーク年商は約900億円。ビジネスに遊びにと常に世界中を飛び回っており、その交流範囲は超一流のプロスポーツ選手、世界的シンガー、アーティストに至るまで驚くほど広い。盲導犬育成事業にも貢献するなど、そのキャラクターはきわめて魅力に富んでいる。
常にポジティブでチャレンジングなライフスタイル哲学を公開した著書『始めるのに遅すぎることなんかない！』①②『お金の哲学』『単純な成功法則』（いずれも小社文庫）、『運命はあなたが決めるのを待っている』、監訳書『望むものをひきよせる心と宇宙の法則』、ポケットブック版『始めるのに遅すぎることなんかない！』（いずれも小社刊）は、すべてベストセラー。

サンマーク文庫
その答えはあなただけが知っている
二〇〇九年　六月　二十日　初版発行
二〇一七年　十月　十　日　第二刷発行
著　者　中　島　　薫
発行人　植　木　宣　隆
発行所　株式会社　サンマーク出版
東京都新宿区高田馬場二―一六―一一
（電）〇三―五二七二―三一六六
印刷　共同印刷株式会社
製本　株式会社若林製本工場

ISBN978-4-7631-8475-7　C0130
ホームページ　http://www.sunmark.co.jp

サンマーク文庫　中島 薫の本

始めるのに遅すぎることなんかない！②

中島 薫

ベストセラー、待望の文庫化第二弾！　全国の読者に大好評の、「中島薫流」幸福哲学の集大成。あなたには夢がありますか？　その夢がかなうかどうかは、起きているときの行動次第で決まります。「見る」夢から、「実る」夢へ。必要なのは、一歩を踏み出す勇気です。

●文庫判　定価＝本体524円＋税